A-FRAME NEW CONCEPT

© 2023 Instituto Monsa de ediciones.

First edition in April 2023 by Monsa Publications,
Carrer Gravina 43 (08930) Sant Adrià de Besós.
Barcelona (Spain)
T +34 93 381 00 93
www.monsa.com monsa@monsa.com

Editor and Project director Anna Minguet
Art director, layout and cover design
Eva Minguet (Monsa Publications)
Printed by Cachiman Grafic

Shop online:
www.monsashop.com

Follow us!
Instagram: @monsapublications

ISBN: 978-84-17557-64-5
B. 5271-2023

A-FRAME
NEW CONCEPT

monsa

INTRO Introducción

A-Frame constructions emerged in the mid-20th century and have been forgotten for decades. In recent years we are seeing how the spirit of A-Frame style houses is gradually being revived by avant-garde architects who have adapted this approach to more modern times. It is not uncommon nowadays to find examples of modern houses with A-Frame architecture as a hallmark in leading design magazines. This type of construction stands out for its structural simplicity, which in most cases reduces costs, and also for its great capacity for thermal and acoustic insulation, greater speed of construction, elimination of the need for columns, greater strength and structural consistency, among many other benefits.

A-Frame homes have a better environmental impact due to energy savings in both construction and utility costs, not to mention a smaller carbon footprint for the environment.

Las construcciones A-Frame surgieron a mediados del siglo XX, y tras décadas han estado en el olvido. En los últimos años estamos viendo cómo poco a poco vuelven a recuperarse el espíritu de las casas estilo A-Frame, a través de arquitectos vanguardistas que han adaptado esta solución a tiempos más modernos. No es raro encontrar hoy en día en las principales revistas de diseño ejemplos de casas modernas con una arquitectura A-Frame como seña de identidad. Este tipo de construcción destaca por su sencillez estructural, lo cual supone una reducción de costes en la mayoría de los casos, y también por su gran capacidad de aislación térmica y acústica, mayor velocidad de obra, elimina la necesidad de columnas, una mayor resistencia y consistencia estructural, entre muchos otros beneficios.

Las viviendas A-Frame poseen un mejor impacto ambiental debido al ahorro de energía tanto en la construcción como en el gasto de suministros, sin olvidar que implican una menor huella de carbono para el medio ambiente.

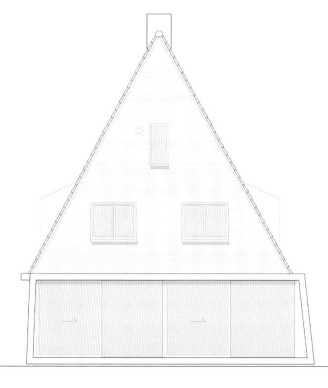

INDEX Índice

A-FRAME RE-THINK	10
HOUSE AT THE PYRENEES	20
LA LEONERA MOUNTAIN RETREAT	32
WHISTER CABIN	42
SYSTEM 00	50
LAKE COTTAGE	58
SH HOUSE	68
MOUNTAINEER'S REFUGE	78
CABIN KNAPPHULLET	86
A-FRAME RENOVATION	94
LAKE HOUSE IN SCHRAMPE	102
HOUSE VVDB	110
TRAILER (EQUIVALENT #2)	118
WASATCH A-FRAME	124
HOUSE KROKHOLMEN	132

A-FRAME RE-THINK
BROMLEY CALDARI Architects

Location Fire Island Pines, NY **Surface area** 1.763 sf. **Photographs** © Mikiko Kikuyama
Website www.bromleycaldari.com

A Typical 1960's three story A-frame: a spiral staircase splitting down the middle, four cramped dark bedrooms, a leaky roof and a cracked pile foundation – not the pristine vacation home that is so often associated with Fire Island Pines. However, the potential was there and the poolside sunsets over the Great South Bay were not to be discounted. But blocking that great view and occupying the heart of the house was the old six foot diameter steel spiral staircase.

With the lot coverage at its limit, Bromley Caldari took advantage of a local law that permits bay windows to project a maximum of two feet out from the building envelope. The new stair would tuck into two large bay windows staggered at different elevations on each side of the house with a cat-walk balcony off the master bedroom to connect the two sides. Weaving across from one side to the other as you work your way up the three floors, views of the bay are framed at each elevation.

On the main level a double height living room/dining room stretches the length of the window clad North façade. The open kitchen and house utilities run along the south side. The master bedroom suite has full height glass sliding doors to take advantage of the view. Although the doors mostly stay open, when guest are present and privacy is required, the sliding glass doors fog up at the flick of a switch.

Under the peak on the third level is a quiet second bedroom and a den that acts as the third bedroom when needed. The two rooms are connected by a walk-through bathroom – a glass shower enclosure on one side and a glass enclosed powder room on the other. Pocket doors at each end allow for privacy.

Típica casa en forma de A con tres pisos de la década de 1960: una escalera de caracol que se divide por la mitad, cuatro habitaciones estrechas y oscuras, un techo con goteras y una base de pilotes agrietada: desde luego que no es la impoluta casa de vacaciones que tan a menudo se asocia con la zona de Fire Island Pines. Sin embargo, tenía su potencial y las puestas de sol junto a la piscina sobre la Great South Bay eran imperdibles. Pero, bloqueando esa gran vista y ocupando el corazón de la casa, estaba la antigua escalera de caracol de acero de seis pies de diámetro.

Con la cobertura del terreno llegando a su límite, Bromley Caldari aprovechó una ley local que permite que los ventanales sobresalgan un máximo de dos pies del cerramiento exterior del edificio. La nueva escalera encajaría en dos grandes ventanales escalonados en diferentes alturas a cada lado de la casa con un balcón de pasarela desde el dormitorio principal para conectar ambos lados. Zigzagueando de un lado a otro a medida que se avanza por los tres pisos, las vistas de la bahía quedan enmarcadas en cada altura.

En el nivel principal, una sala de estar/comedor de doble altura se extiende a lo largo de la fachada norte revestida de ventanas. La cocina americana y los servicios básicos de la casa se extienden a lo largo del lado sur. El dormitorio principal tiene puertas correderas de cristal de altura completa para aprovechar la vista. Aunque la mayoría de las puertas permanecen abiertas, cuando hay invitados y se requiere privacidad, las puertas correderas de cristal se empañan con solo presionar un interruptor.

Debajo del pico en el tercer piso hay un segundo dormitorio discreto y una sala de estar que hace las veces de tercer dormitorio cuando es necesario.
Las dos habitaciones están conectadas por un baño de paso: una mampara de ducha de cristal a un lado y un tocador acristalado al otro. Las puertas correderas a cada extremo permiten tener privacidad.

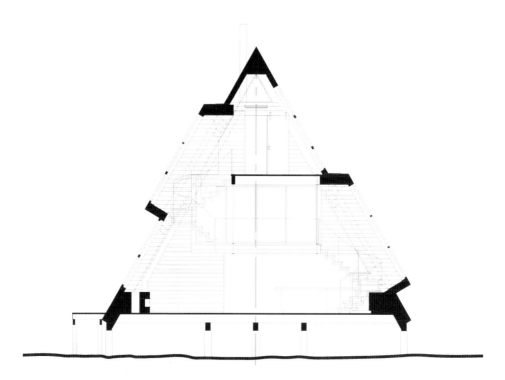

Section

Elevation

HOUSE AT THE PYRENEES
CADAVAL & SOLÀ-MORALES Architects

Location Canejan, Valle de Aran, Spain **Surface area** 11,4829 sf. **Photographs** © Santiago Garcés **Author/s** Eduardo Cadaval & Clara Solà-Morales **Collaborators** Alex Molla, Mariona Viladot, Pernilla Johansson **Structures** Carles Gelpí **Website** www.ca-so.com

The project seeks to recuperate the construction values of an old existing vernacular house which was made out of dry stone, a traditional technique of the area of great tectonic value. However the distinctive attributes inherent to this construction technique (compactness, massiveness, minimum openings, obscure interiors, weight) deny the extraordinary environment where it is located: on top of a mountain, with views to 2 different valleys that are faced by the two only façades of the house.

The project elaborates on a series of interior horizontal partitions that are supported by two vertical containers that behave both as structural elements and as divisions of the continuous spaces. Those vertical elements generate vertical continuity within the overall house, and even allow to eventually transform it into two independent homes. But more than any other thing the project places on top of the last slab a vast continuous roof made out of two planes that in their intersection generate a long sore that enables the view of the summit of the mountain from the interior; the roof doesn't rest directly on top of the stone wall, so a second continuous longitudinal sore is created, permitting incredible views to the valley. The definition of the section of the roof is the definition of the character of the main space of the house.

By preserving the original structure and doing a minimal yet contrasted intervention, the idea is to generate new and contemporary spaces for living, respecting the historic envelope. On the basement of the house, and responding to a structural weakness of a section of the existing wall, a big opening is shaped within the dry stone wall. Such opening permits amazing views and interior natural lighting to a second living and dining room; the rest of spaces accommodated within the old enclosure have a remnant sense of the old construction, although they are distributed according to new ways of living, in a more contemporary reading of architecture.

El proyecto busca recuperar los valores constructivos de un antiguo granero en ruina existente en el terreno, construido en piedra seca, técnica tradicional de la zona, y de gran valor tectónico. Sin embargo, las características inherentes a esta construcción (solidez, mínimas aperturas, oscuridad, masa) niegan el espectacular entorno donde está construida: en lo alto de una montaña, con vistas a dos valles que se abren en sus dos únicas fachadas.

La propuesta es pues construir una serie de planos interiores soportados por unas cajas de servicio que actúan a la vez de estructura y de división de los espacios, y que generan una continuidad a lo largo de la casa, que puede interrumpirse eventualmente en un punto de inflexión para convertirla en 2 viviendas independientes. Pero sobretodo el proyecto interviene colocando sobre la losa superior una gran cubierta continua formada por dos planos que en su intersección generan una primera llaga que permite la visión de la montaña trasera, desde el interior de la vivienda; la cubierta no llega a apoyarse sobre el muro de piedra actual, generando una segunda llaga longitudinal que permite las vistas sobre el valle. La definición de la sección de la cubierta configura el carácter del espacio principal de la casa.

Preservando la estructura original y haciendo una intervención mínima pero contrastada, la propuesta genera espacios nuevos adaptados a los nuevos usos. En el basamento de la casa, y respondiendo a un punto de debilidad estructural del muro de piedra seca, se fuerza la apertura de una gran ventanal. Esta apertura permite las vistas e iluminación natural a una segunda sala y comedor en la planta primera; el resto de estancias contenidas en la antigua envolvente del granero respiran la tectónica y el peso de la arquitectura tradicional, aunque están distribuidas y configuradas respondiendo a nuevas realidades de uso.

Elevation

Cross sections

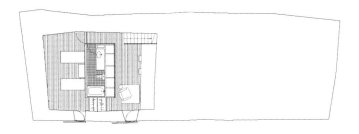

Ground floor plan

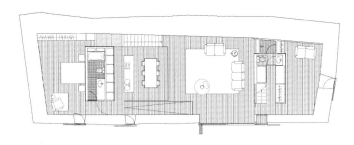

First floor plan

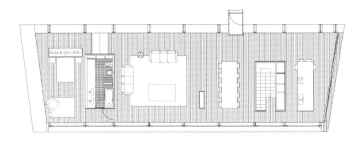

Second floor plan

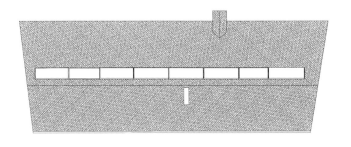

Roof plan

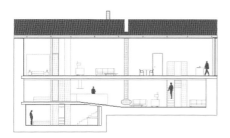

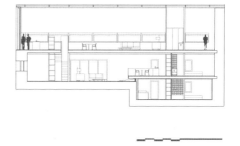

Longitudinal sections

LA LEONERA MOUNTAIN RETREAT
DRAA / DEL RIO Architects Associates

Location Farellones, Chile **Surface area** 3,280 sf. **Photographs** © Felipe Camus
Design team Nicolas del Rio + Felipe Camus **Collaborators** Malo Chab, Matthias J. Götz **Engineering** ARBEC
Website www.draa.cl

Commission

La Leonera is the result of a collaborative process over what must become of a Mountain Retreat. Revisiting decisions with the clients back and forth made bespoke architecture for its users a nourishing experience of participation. Rather unexpectedly, the result is an interesting correlation of balance between expectations and propositions.

Structure

Strictly speaking, an A-frame house, this typology related to mountain building in Chile is scrutinized.
Two geometrically independent volumes –rectangle and triangle- are tested and proportioned to preserve plainness. The first in reinforced concrete becomes the base, containing and blending with the terrain whilst providing support to its pristine counterpart.
Inside the A-frame, in stark contrast with the context, a proportioned void of timber trusses provides ambient warmth to its occupiers. This graceful craft buttresses on a concrete sleigh, which in both extremes folds upwards hiding the inverted beams and creating a distance against the striking landscape. The result is a platform detached from the ground to deliver lightness -and a log-piling gap- against the ground.
A wooden stair in the far end of the floorplan, vertically connects both volumes, which in addition to the strict control over the windows, make this house a continuous experience of tension and dominium of the landscape.

Energy

Thermally wise it is a highly insulated unitary volume with a controlled perimeter. The Retreat portrays a substantial sun-oriented glazed façade, which captures the abundant winter radiation transforming it in heat and storing it in the thermally massive concrete elements. Openings towards colder orientations are minimised whilst considerable insulation is specified in the fabric.

La Leonera es el resultado de un extenso proceso colaborativo sobre cómo debería ser un refugio de montaña. La revisión constante de las decisiones de proyecto por parte de los clientes, activos y lúcidos, hizo del desarrollo de la arquitectura del refugio una experiencia enriquecedora tanto para el equipo como para el resultado final, el cual, inesperadamente, es una interesante relación de equilibrio entre expectativas y proposiciones.

Se exploró la tipología de las casas A, profundamente arraigada al imaginario de montaña y Farellones. El volumen superior, que alberga los espacios más públicos de la casa, es una nave de tijerales de madera a la vista apoyada sobre las vigas invertidas de una losa de hormigón armado, conformando un triangulo isosceles cuidadosamente medido. Hacia los extremos la losa se quiebra y eleva para hacer desaparecer las vigas invertidas de apoyo, a su vez obligando al habitante a tomar distancia del borde abierto permitiendo el control del vértigo producto de la altura y la potencia escénica del paisaje.

Esta nave de madera se posa, como un trineo, sobre un volúmen de hormigón armado semienterrado en la pendiente en donde se ubica el programa asociado al ritual de llegada en invierno: accediendo a través de una chiflonera, luego un hall de distribución asociado a un pequeño estar y servicios. Aquí también se ubica el dormitorio principal ganando privacidad e independencia de funcionamiento del resto de la casa.

Ambos volumenes se conectan verticalmente desde su fondo, lo que sumado al control estricto de las aperturas en las fachadas genera el hilo conductor de la experiencia de la obra, a través de la tensión y el dominio del paisaje.

Térmicamente se presenta como un volumen unitario de perímetro controlado, con una importante fachada norte traslucida que capta la abundante radiación, la transforma en calor y la retiene en los elemento masivos, mientras la piel de múltiples capas aislantes controla la perdida de las caras frías.

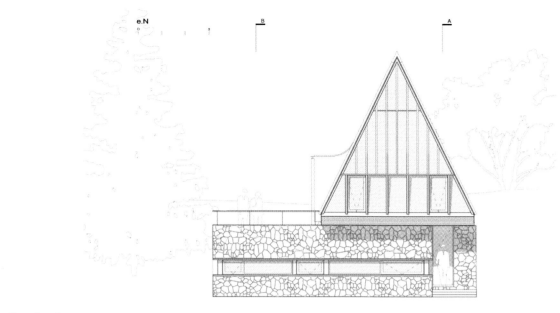

Elevation 1

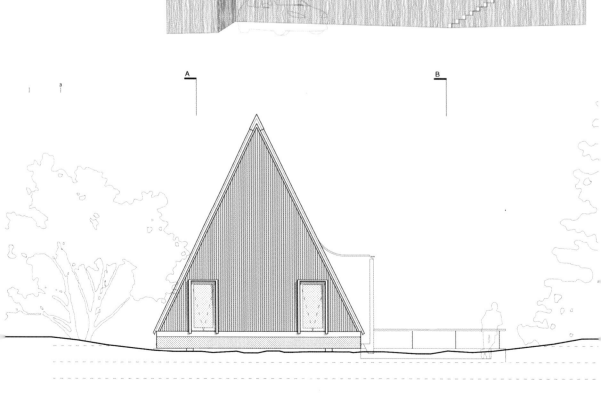

Elevation 2

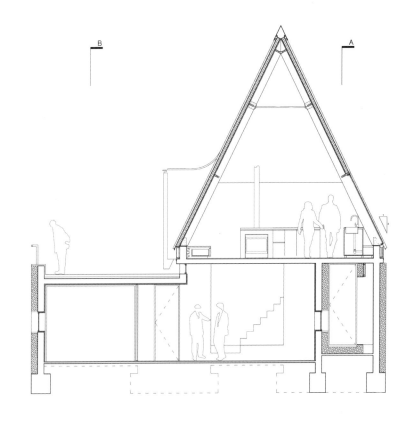

C-C'

0   3

Section

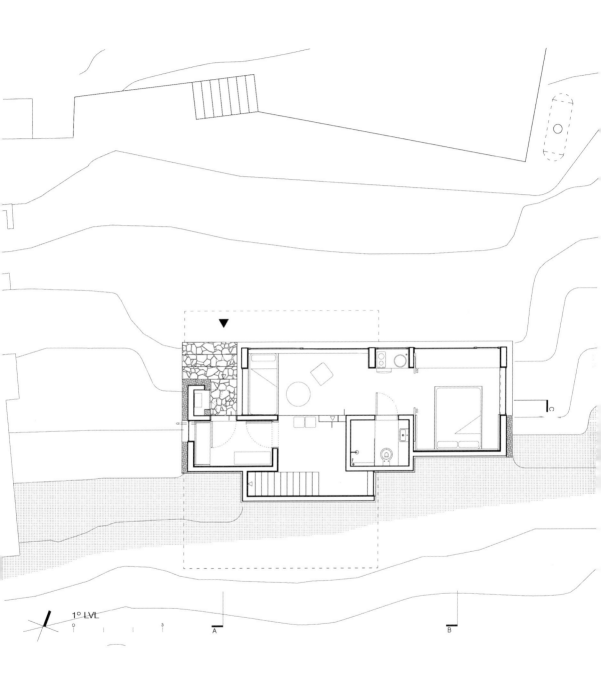

1° LVL

A   B

Floor plan

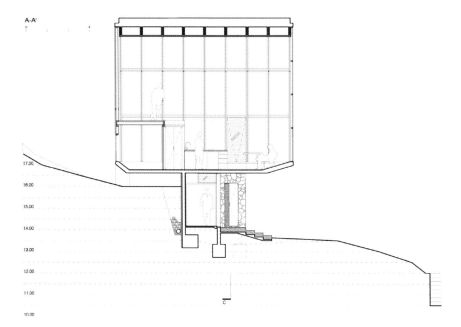

Cross section

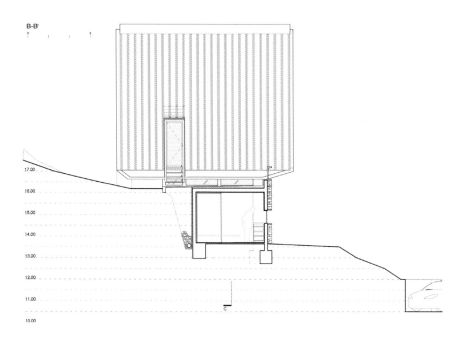

Elevation

Floor plan

2° LVL

A

B

WHISTER CABIN
SCOTT & SCOTT Architects

Location Whistler, Canada **Surface area** 178 sf. **Photographs** © Scott and Scott Architects
Website www.scottandscott.ca

Built as a weekend retreat for a family of
snowboarders the cabin is situated on a steeply
sloping rock bluff in a quiet residential area north of
Whistler village. The neighbourhood is made up of
similar sized A-frame and Gothic arch cabins and
chalets dating from the 1970s. In contrast to the
more recent larger scaled residences in the region
the cabin was designed around the owners' and
architects' desire to work with the original scale of the
early structures in the area.

Banking into the rock the 178 sq.m. cabin is entered
from the lowest level which contains a gear drying
room, winter and summer equipment storage,
a washroom and laundry. The living area and
kitchen backs into the hill and faces the view to the
mountains across the valley over Green Lake. A
bedroom, bunk room and guest room/ den are on
the top floor with expansive outward views east and
accesses a private terrace nestled into the rock bluff
behind the cabin.

The structure consists of an internally exposed frame
of locally sourced douglas fir rough sawn lumber of
conventional size with solid strip structural decking
which sits on the concrete base anchored into the
bedrock. The lumber joinery has been designed and
engineered to utilize a simple repeated lapped joint
at the floor and roof connections. The lap is reversed
outward to allow for window dormers at the stair, bunk
room and kitchen.

The materials are locally harvested and quarried.
The exterior is clad in red cedar shakes which will
weather to the tone of the surrounding rock, the
interior cabinetry was site built by the carpenters
with construction grade rotary cut plywood and the
counters were fabricated from marble from the Hisnet
Inlet quarry located on Vancouver Island.

Construida como un retiro de fin de semana para una
familia de practicantes de snowboard, la cabaña está
situada en un acantilado rocoso de fuerte pendiente
en una tranquila zona residencial al norte del pueblo
de Whistler. El vecindario está formado por cabañas y
chalets de arco gótico y marco en A de tamaño similar
que datan de la década de 1970. En contraste con
las residencias de mayor escala más recientes en la
región, la cabaña fue diseñada en torno al deseo de los
propietarios y arquitectos de trabajar con la escala original
de las primeras estructuras en el área.

Bancando en la roca los 178 m2. Se encuentra la
cabina desde el nivel más bajo que contiene una sala
de equipos, almacenamiento de diferentes equipos
de invierno y verano, un baño y la lavandería. La sala
de estar y la cocina están ubicadas hacia la colina y
disfrutan de las vistas de las montañas al otro lado del
valle sobre Green Lake. Un dormitorio, una habitación con
literas y una habitación/estudio de invitados se encuentran
en el piso superior con amplias vistas hacia el este y
acceden a una terraza privada ubicada en el acantilado
rocoso detrás de la cabaña.

La estructura consta de un marco expuesto internamente
de madera aserrada en bruto de abeto douglas de
origen local de tamaño convencional con una cubierta
estructural de tiras sólidas que se asienta sobre la base de
hormigón anclada en el lecho rocoso. La carpintería de
madera ha sido diseñada para utilizar tanto para el suelo
como para el techo. El traslape se invierte hacia afuera
para permitir buhardillas en la escalera, la sala de literas y
la cocina.

Los materiales se recolectan y extraen localmente. El
exterior está revestido con listones de cedro rojo que se
desgastaron al tono de la roca circundante, los gabinetes
interiores fueron construidos en el lugar por los carpinteros
con madera contrachapada de corte rotativo de grado
de construcción y los mostradores fueron fabricados con
mármol de la cantera Hisnet Inlet ubicada en la isla de
Vancouver.

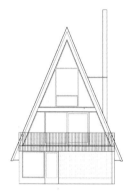

East elevation

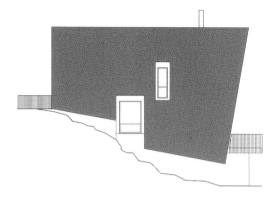

South elevation

West elevation

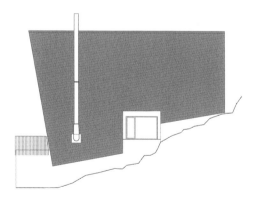

North elevation

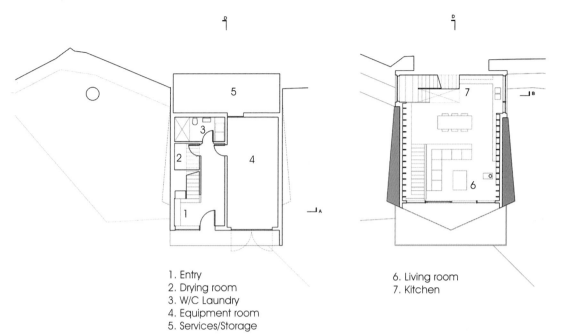

1. Entry
2. Drying room
3. W/C Laundry
4. Equipment room
5. Services/Storage

6. Living room
7. Kitchen

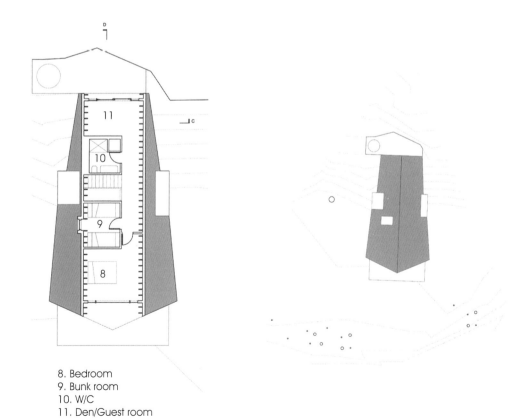

8. Bedroom
9. Bunk room
10. W/C
11. Den/Guest room

SYSTEM 00
THE BACKCOUNTRY HUT Company

Location Georgian Bay, Ontario **Photographs** © Kyle Chapple
Website www.thebackcountryhutcompany.com

System 00, our smallest and most streamlined option, distills the iconic A-frame aesthetic down to it's purest essentials. With a compact layout of approximately 10 x 10 feet at the ground level, it comes to life as a single bedroom sleeping bunk, or as a meditation, yoga, or art studio.

Designed to be self-assembled, System 00 is a dream DIY project. With a small team of 4-5 capable people this project can be built from start to finish in under a week. It requires no heavy machinery, and comes with a step-by-step assembly guide.

This system may be built without a construction permit, depending on the project site and intended use.

System 00, es nuestra opción más pequeña y optimizada, destila la estética icónica del marco en A hasta sus elementos esenciales más puros. Con un diseño compacto de aproximadamente 10 x 10 pies a nivel del suelo, con una distribución sencilla, encontramos una litera para dormir de un solo dormitorio, o como un estudio de meditación, yoga o arte.

Diseñado para ser autoensamblado, System 00 es un proyecto de bricolaje de ensueño. Con un pequeño equipo de 4-5 personas capacitadas, este proyecto se puede construir de principio a fin en menos de una semana. No requiere maquinaria pesada y viene con una guía de montaje paso a paso.

Este sistema puede construirse sin un permiso de construcción, según el sitio del proyecto y el uso previsto.

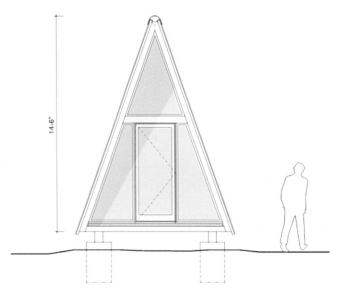

14'-6"

Elevation

3'-0"   10'-1"

10'-7"

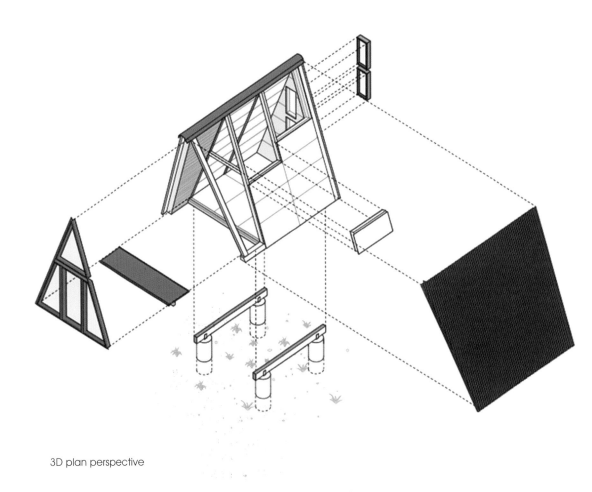

3D plan perspective

LAKE COTTAGE
UUfie Architect

Location Bolsover, Ontario **Photographs** © Naho Kubota, UUfie
Website www.uufie.com

Lake Cottage is a reinterpretation of living in a tree house where nature is an integral part of the building. In a forest of birch and spruce trees along the Kawartha Lakes, the cottage is designed as a two storey, multi-uses space for a large family. The structure composed of a 7m high A-frame pitch roof covered in black steel and charred cedar siding. A deep cut in the building volume creates a cantilever overhang for a protected outdoor terrace with mirrors to further give the illusion of the building containing the forest inside.

This mixture of feeling between nature and building continue into the interior. The main living space is design as a self-contained interior volume, while the peripheral rooms are treated as part of the building site. Fourteen openings into this grand living space reveal both inhabited spaces, skies and trees, equally treated and further articulated with edges finishes of interior panel kept raw to show the inherit nature of materials used. This abstract nature of the interior spaces allows imagination to flow, and those spaces that could be identified as a domestic interior can suddenly become play spaces. A solid timber staircase leads to a loft which has the feeling of ascending into tree canopies as sunlight softy falls on wall covered in fish-scaled shingle stained in light blue.

Using local materials and traditional construction methods, the cottage incorporated sustainable principles. The black wood cladding of exterior is a technique of charring cedar that acts as a natural agent against termite and fire. Thick walls and roof provide high insulation value, a central wood hearth provides heat and deep recessed windows and skylights provide natural ventilation and lighting. Lake Cottage is designed with interior and exterior spaces connected fluidly and repeat the experience of living within the branches of a tree.

El Lake Cottage es una reinterpretación de vivir en una casa en un árbol, donde la naturaleza es una parte integral del edificio. En un bosque de abedules y abetos a lo largo de Kawartha Lakes, la cabaña está diseñada como un espacio de usos múltiples de dos pisos para una familia numerosa. La estructura está compuesta por un techo inclinado en forma de A de 7 m de altura cubierto de acero negro y revestimiento de cedro carbonizado. Un corte profundo en el volumen del edificio crea un voladizo para una terraza protegida exterior con espejos, los cuales crean aún más la ilusión de que el edificio contiene un bosque en su interior.

Esta mezcla de sentimiento entre naturaleza y arquitectura continúa en el interior. El espacio habitable principal está diseñado como un volumen interior autónomo, mientras que las habitaciones periféricas se tratan como parte del sitio de construcción. Catorce aberturas en este gran espacio vital revelan espacios habitados, cielos y árboles, igualmente tratados y articulados con los bordes del panel interior que se mantienen en bruto para mostrar la naturaleza heredada de los materiales utilizados. Este carácter abstracto de los espacios interiores permite que la imaginación fluya, y aquellos espacios que podrían identificarse como un interior doméstico pueden convertirse, de repente, en espacios de juego. Una sólida escalera de madera conduce a una buhardilla que da la sensación de ascender a las copas de los árboles mientras la luz del sol cae suavemente sobre la pared cubierta con tejas escama teñidas en azul claro.

Utilizando materiales locales y métodos de construcción tradicionales, la cabaña incorporó principios sostenibles. El revestimiento exterior de madera negra es una técnica de carbonización del cedro que actúa como agente natural contra las termitas y el fuego. El grueso techo y las paredes brindan un gran aislamiento, la chimenea central de leña brinda calor, y los tragaluces y ventanas empotradas brindan ventilación e iluminación natural. El Lake Cottage está diseñado con espacios interiores y exteriores conectados de manera fluida y reincide en la experiencia de vivir entre las ramas de un árbol.

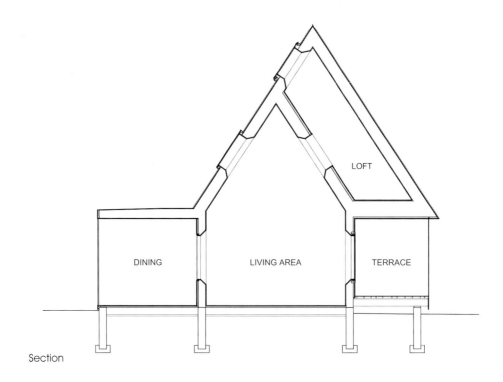

DINING

LIVING AREA

LOFT

TERRACE

Section

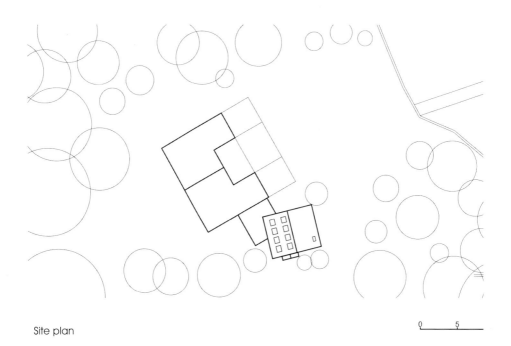

Site plan

0   5

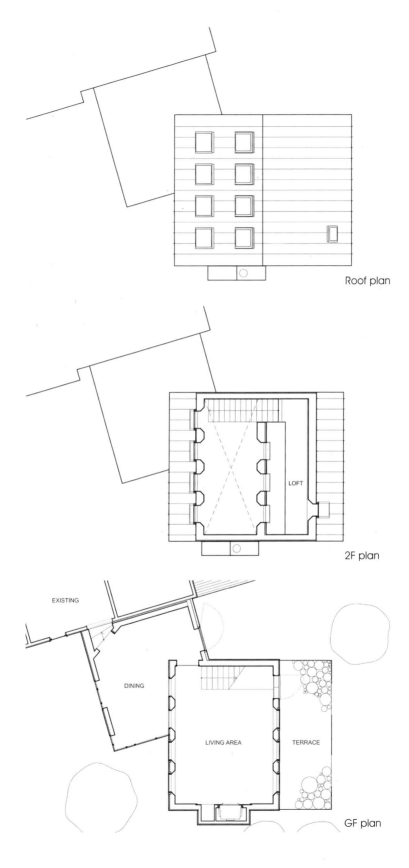

Roof plan

LOFT

2F plan

EXISTING

DINING

LIVING AREA

TERRACE

GF plan

SH HOUSE

Atelier Van Wengerden

Location Bentveld, The Netherlands **Photographs** © Vanwengerden
Team Jacco van Wengerden, Gijs Baks, Milda Grabauskaite, Vineta du Toit **Website** www.vanwengerden.com

This was a dark and compartmental house that reflected the way that people lived in 1932, when it was built. The house was transformed and enlarged with an open floor plan, a view to the garden, and a triangular section that continues the slope of the original roof.

The house is in Bentveld, a village between Haarlem and the North Sea. The key to the project was to maintain the overall shape and integrity of the original structure while creating an open floor plan that directs views to the garden. Thus the distinction between garden and interior is almost eliminated so that the garden becomes part of the living space.

This was achieved by removing the internal partitions, thereby dispensing with the small, compartmental rooms that separated functions. A new staircase was constructed, acting as the backbone of the house and connecting the first floor and attic to the ground level and garden. The result is a light and open house designed for the way we live now.

The extension itself is realized in splayed concrete. It looks and feels like a natural continuation of the vernacular roof, and the absence of details strengthens the shape.

Esta era una casa oscura y compartimentada que reflejaba la forma en que se vivía en 1932, año en el que se construyó. La casa fue transformada y ampliada con una planta abierta, vistas al jardín y una sección triangular que continúa la pendiente del tejado original.

La casa está en Bentveld, un pueblo entre Haarlem y el Mar del Norte. La clave del proyecto fue mantener la forma general y la integridad de la estructura original mientras se creaba un plano de planta abierto que dirigía las vistas al jardín. Así, la distinción entre jardín e interior queda prácticamente eliminada para que el jardín se convierta en parte del espacio habitable.

Esto se consiguió eliminando los tabiques interiores, prescindiendo así de las pequeñas salas compartimentadas que separaban los espacios. Se construyó una nueva escalera, que actúa como columna vertebral de la casa y conecta el primer piso y el ático con la planta baja y el jardín. El resultado es una casa luminosa y abierta diseñada para la forma en la que vivimos actualmente.

La ampliación en sí está realizada en hormigón proyectado. Da la apariencia y la sensación de que se trata de una continuación natural del techo vernáculo, y la ausencia de detalles fortalece la forma.

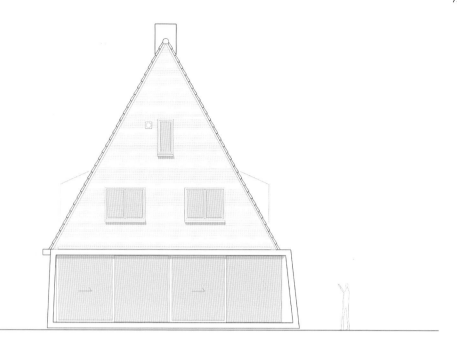

South elevation

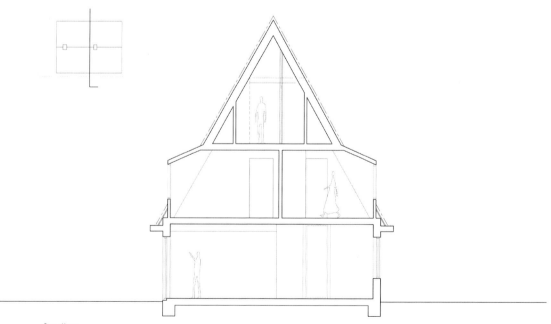

Section

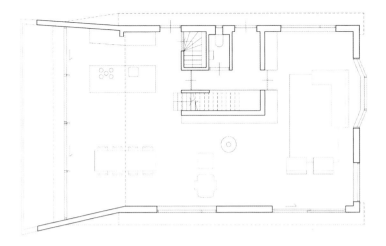

GF plan 1

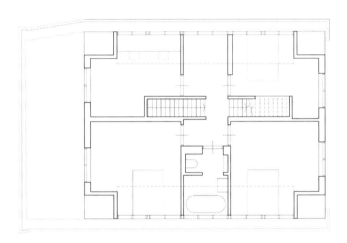

1F plan

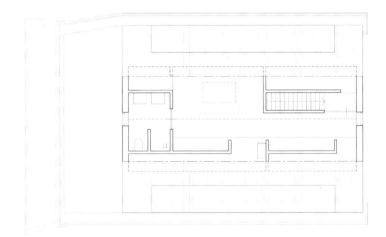

2F plan

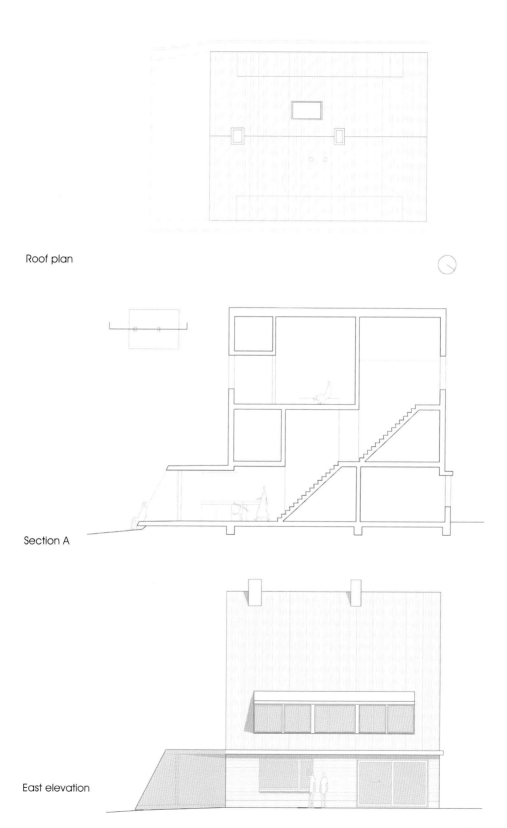

Roof plan

Section A

East elevation

MOUNTAINEER'S REFUGE
GONZALO ITURRIAGA Architects

Location Comune of San Esteban, 5th Region, Chile **Surface area** 646 sf. **Photographs** © Federico Cairoli
Website www.gonzaloiturriaga.cl

The design brief was for a small cabin that would serve as a base camp for an avid mountaineer. The building's low slung and irregular geometry echoes the morphology of the region's high mountains through folding planes revealing openings for access, views, and natural light. The cabin rests on piles, lifted off the ground, and rising to form a tentlike dark wooden structure. This is the point of arrival and departure for the mountaineer's adventures, a lookout, a shelter, a refuge for contemplation and rest between climbs.

Form and scale are architectural elements that guide the design of buildings to achieve aesthetically pleasing and functional compositions while promoting a sound connection between the built form and its immediate surroundings.

The exterior is finished in blackened pine. Inside, the same material is expressed untreated, a pale blond tone contrasting with the black window and door frames.

El encargo de diseño era una pequeña cabaña que sirviera de campamento base para un ávido montañero. La geometría baja e irregular del edificio se hace eco de la morfología de las altas montañas de la región a través de planos plegables que revelan aberturas para el acceso, las vistas y la luz natural. La cabaña se apoya en pilotes, levantados del suelo, y se eleva para formar una estructura de madera oscura que parece una tienda de campaña. Es el punto de llegada y salida de las aventuras del montañero, un mirador, un refugio para la contemplación y el descanso entre escaladas.

La forma y la escala son elementos arquitectónicos que guían el diseño de los edificios para lograr composiciones estéticamente agradables y funcionales, al tiempo que promueven una sólida conexión entre la forma construida y su entorno inmediato.

El exterior está acabado en pino ennegrecido. En el interior, se utiliza el mismo material sin tratar, con un tono ocre suave que contrasta con los marcos negros de ventanas y puertas.

Consider the contextual qualities of a site during the initial design phase. New construction should reinforce the character of a specific place and set high standards in terms of its siting and design. The spatial experience is guided by the volumetric qualities of the cabin. In that respect, its interior is a reflection of the exterior with only a central utility core, including a kitchen and a bathroom, to separate the different areas.

Tenga en cuenta las cualidades contextuales de un lugar durante la fase inicial de diseño. Las nuevas construcciones deben reforzar el carácter de un lugar concreto y establecer un alto nivel de exigencia en cuanto a su emplazamiento y diseño. La experiencia espacial está guiada por las cualidades volumétricas de la cabina. En este sentido, su interior es un reflejo del exterior, con sólo un núcleo central de servicios, que incluye una cocina y un baño, para separar las diferentes áreas.

Site plan

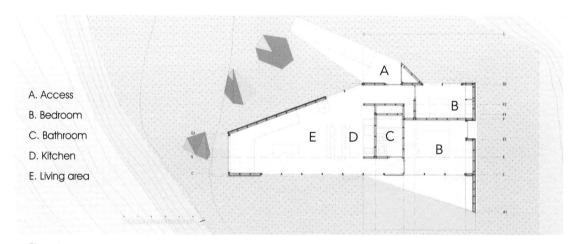

A. Access
B. Bedroom
C. Bathroom
D. Kitchen
E. Living area

Floor plan

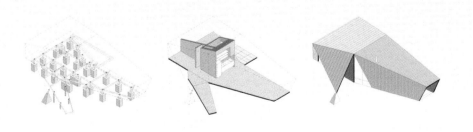

Axonometric views of building components

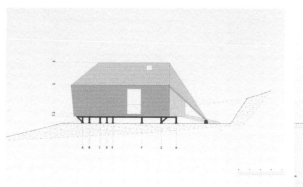

North elevation

East elevation

West elevation

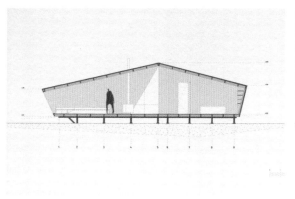

South elevation

Section A

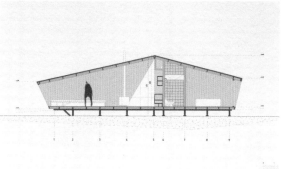

Section B

Floor-to-ceiling windows encourage an interior space to extend to the exterior. This minimizes interior and exterior boundaries and fosters the integration of the built form into the surrounding landscape, making the natural environment part of the architecture and vice-versa. A series of dedicated openings provide cross ventilation, taking advantage of the updraft rising from the valley.

Las ventanas de suelo a techo hacen que el espacio interior se extienda hacia el exterior. Esto minimiza los límites interiores y exteriores y fomenta la integración de la forma construida en el paisaje circundante, haciendo que el entorno natural forme parte de la arquitectura y viceversa. Una serie de aberturas dedicadas proporcionan ventilación cruzada, aprovechando la corriente ascendente del valle.

CABIN KNAPPHULLET
LUND HAGEM Architects

Location Sandefjord, Norway **Surface area** 323 sf. **Photographs** © Ivar Kvaal, Kim Muller, Luke Hayes
Website www.lundhagem.no

Knapphullet is a small annex to an existing holiday home with the Norwegian coastal landscape as a stunning backdrop. Accessible only by boat or by foot through a dense forest, the small hideaway is wedged between large outcrops and surrounded by low vegetation for wind protection. The design developed from the desire to echo the roughness and beauty of the surrounding landscape. This led to the distinct shape of the building: a stepped ramp with a lookout roof encasing a compact shelter. This hideaway encompasses adequate orientation to make the most of natural lighting and a compact open plan that spills out onto a series of outdoor areas conceived as gathering spaces to enjoy good weather.

The building adapts to the surroundings with the principles of scale.

While the roof terrace offers a panoramic view of the stunning scenery, the view from the house is more restricted. Instead, the views from inside the house focus on the more intimate aspects of the surrounding landscape: the texture of the rock surface, and seasonal changes in the vegetation.

Although the building occupies a small footprint, the space expands vertically over four levels, including a roof terrace. Accessible via a long boarded walkway, the house offers a sheltered atrium formed by the building and the outcrops.

Knapphullet es un pequeño anexo a una casa de vacaciones ya existente con el paisaje costero noruego como telón de fondo. Accesible sólo en barco o a pie a través de un denso bosque, el pequeño escondite está encajonado entre grandes afloramientos y rodeado de vegetación baja para protegerse del viento. El diseño se desarrolló a partir del deseo de hacer eco de la rugosidad y la belleza del paisaje circundante. Esto dio lugar a la forma distintiva del edificio: una rampa escalonada con un tejado de vigía que encierra un refugio compacto. Este escondite cuenta con una orientación adecuada para aprovechar al máximo la iluminación natural y una planta abierta y compacta que se extiende sobre una serie de espacios exteriores concebidos como espacios de encuentro para disfrutar del buen tiempo.

El edificio se adapta al entorno con los principios de escala.

Mientras que la azotea ofrece una vista panorámica del impresionante paisaje, la vista desde la casa es más restringida. En cambio, las vistas desde el interior se centran en los aspectos más íntimos del paisaje: la textura de la superficie rocosa y los cambios estacionales de la vegetación.

Aunque el edificio ocupa una pequeña superficie, el espacio se expande verticalmente en cuatro niveles, incluyendo una azotea. Accesible a través de una larga pasarela de tablones, la casa ofrece un atrio protegido formado por la propia edificación y los afloramientos.

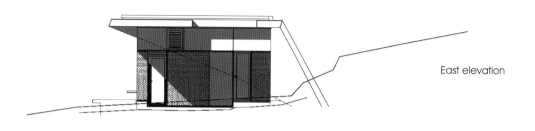

East elevation

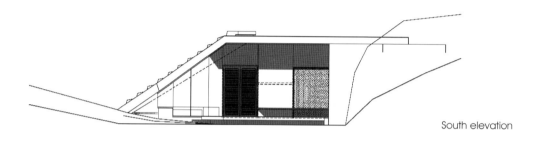

South elevation

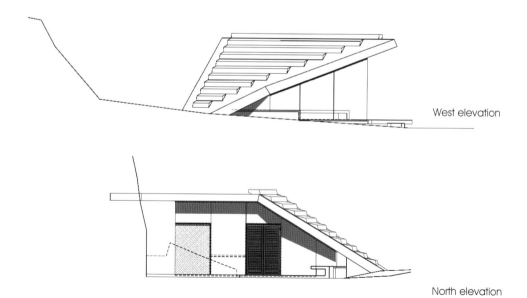

West elevation

North elevation

0   5   10   15m

Site map

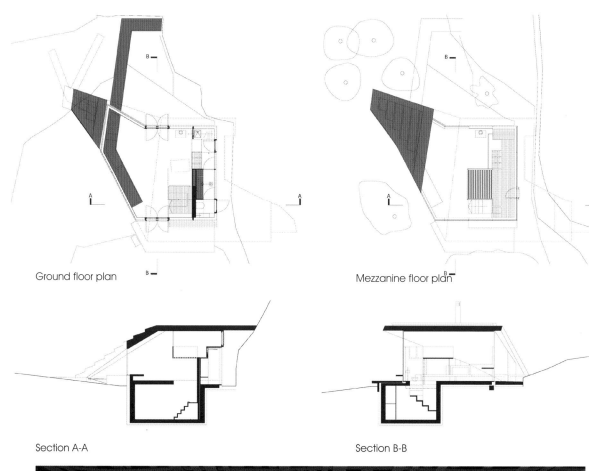

Ground floor plan

Mezzanine floor plan

Section A-A

Section B-B

The east-facing atrium receives the morning sun, while the west-facing terrace opens toward the evening sun. The use of skylights takes further advantage of the long daylight hours experienced during the summer. There is a roof opening right against a rock, allowing daylight to pour down into the entrance and the bathroom.

El atrio orientado al este recibe el sol de la mañana, mientras que la terraza orientada al oeste se abre hacia el sol de la tarde. El uso de claraboyas aprovecha aún más las largas horas de luz diurna durante el verano. Hay un techo que se abre justo contra una roca, lo que permite que la luz del día se derrame en la entrada y en el baño.

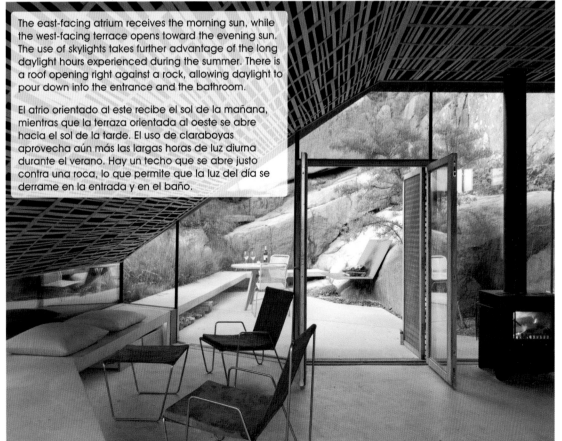

A-FRAME RENOVATION
JEAN VERVILLE Architects

Location Saint Adolfe D'Howard, Canada **Surface area** 690 sf. **Photographs** © Maxime Brouillet
Website www.jeanverville.com

The cottage, built in the 1960s on an enchanting site of the Laurentians, presents the characteristic form of an A-frame construction. Once the interior was demolished and the structure completely cleared from the inside, the architect exploited the triangular structural form. The monotony of a pre-established spatial organization was rejected in favor of a new layout that provides a relaxing feeling for this family retreat away from urban frenzy. These choices generated a rhythmic plan, resulting in a compact floor plan which gives the rehabilitation balance and coherence, offering much more in quality than it loses in quantity.

The design vocabulary of the A-Frame Renovation project follows a minimalistic approach, highlighting the emblematic A-frame form and expressing the exterior skin of the structure with a unifying color black.

Challenging the initial hypothesis of lack of space, the architect opted instead for subtracting floor areas in favor of a rich spatial experience.

Prioritize the quality of space over square footage whenever possible, creating living spaces that are engaged with their surroundings, are adequately proportionate, and offer comfort and functionality. Larger spaces are not necessarily the answer.

Increase the perception of space through openings on various surfaces, and through light colors which will reflect the light. Ingeniously playing with scales, Verville managed to increase the perception of visual depth by exploiting limits and openings to admirably draw part of the density of this space. The kids' playful den on the ground floor offers a storage platform under the beds and a reading corner nestled in a triangular alcove. This room, all in wood, reveals a fascinating place entirely dedicated to childish games away from the living spaces.

La cabaña, construida en los años 60 en un sitio encantador de los Laurentians, presenta la forma característica de una construcción en forma de A. Una vez que el interior fue demolido y la estructura completamente despejada desde el interior, el arquitecto explotó la forma estructural triangular. La monotonía de una organización espacial preestablecida fue rechazada a favor de una nueva disposición que proporciona una sensación de relajación para este retiro familiar situado lejos del frenesí urbano. Estas elecciones generaron un plan rítmico, resultando en una planta compacta que da equilibrio y coherencia a la rehabilitación, ofreciendo mucho más en calidad de lo que pierde en cantidad.

El vocabulario de diseño del proyecto A-Frame Renovation sigue un enfoque minimalista, destacando la emblemática forma en A y expresando la piel exterior de la estructura con un color negro unificador.

Desafiando la hipótesis inicial de la falta de espacio, el arquitecto optó por restar superficie habitable en favor de una rica experiencia espacial.

Priorizar la calidad del espacio sobre los metros cuadrados siempre que sea posible, creando espacios habitables que se relacionen con su entorno, que sean adecuadamente proporcionados y que ofrezcan comodidad y funcionalidad. Los espacios más grandes no son necesariamente la respuesta.

Aumentar la percepción del espacio a través de aberturas en varias superficies, y a través de colores claros que reflejarán la luz. Jugando ingeniosamente con las escalas, Verville consiguió aumentar la percepción de la profundidad visual explotando los límites y las aberturas para dibujar admirablemente parte de la densidad de este espacio. La guarida lúdica de los niños en la planta baja ofrece una plataforma de almacenamiento debajo de las camas y un rincón de lectura en una alcoba triangular. Esta sala, toda de madera, revela un lugar fascinante dedicado enteramente a los juegos infantiles fuera de los espacios habitables.

Lower floor plan

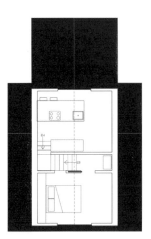

Upper floor plan

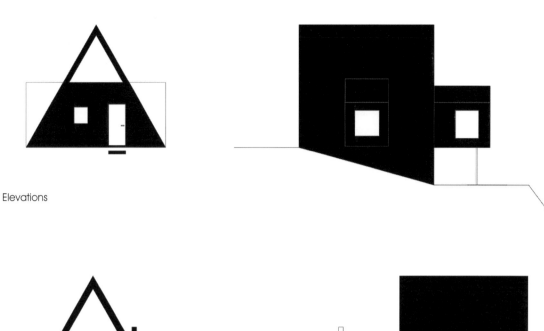

Elevations

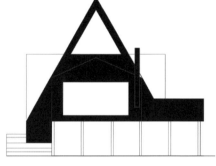

Elevations

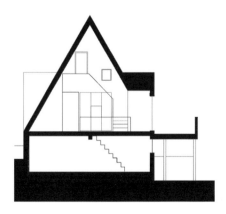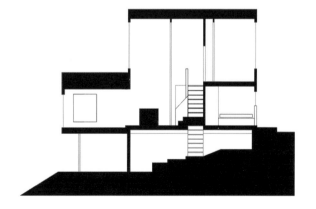

Sections

LAKE HOUSE IN SCHRAMPE
PFEIFFER Architekten

Location Schrampe, Saxony- Anhalt, Germany **Photographs** © Jens Rötzsch
Website www.pfeiffer-architekten.de

The Pfeiffer Architekten goal when designing the house in harmony with its environment and in response to the client's priorities suggested wood as the keynote material in structure as well as both interior and exterior panelling. Moreover, the choice of wood allowed to build the house within a short time frame and at an affordable cost. Cloaked in red-cedar shingles all around, the house will form a piece with its surroundings - increasingly from year to year.

The single-unit structure, with a height equal to its width, is supported by seven ribs of structural plywood with three hinges at the ridge and pedestals of reinforced concrete. The pedestals stand on a dynamically embedded foundation, which is insulated against frost, as demanded by the peaty sub-soil. The plywood ribbing segments the interior space. Whitewashed plywood decks the floor and wall-space from rib to rib.

The highly insulated, wind-tight walls, together with excellent-quality windows and the building's relatively low heat-storage mass, make it possible to do without any central heating system. The house is warmed naturally in winter by passive solar energy and a wood-burning fireplace. In the summer, the surrounding woods almost symbiotically protect the house from excessive heat.

All wooden building materials exposed to the weather are designed to lie in natural air pockets, so that treating them chemically would be unnecessary. Only the gable binder and the window frames / reveals required lacquering and consequently maintenance at three-year intervals. The house has no gutters or metal sheeting.

El objetivo de Pfeiffer Architekten al diseñar la casa en armonía con su entorno y en respuesta a las prioridades del cliente sugirió la madera como material principal de la estructura, así como paneles interiores y exteriores en el mismo material. Además, la elección de la madera permitió construir la casa en un corto plazo de tiempo y a un costo muy ajustado. Cubierta en su totalidad por tejas de cedro rojo, la casa forma una sola pieza con su entorno: cada vez más con el paso de los años.

La estructura de unidad única, con una altura igual a su anchura, se sustenta por siete costillas de contrachapado estructural con tres bisagras en la cresta y pedestales de hormigón armado. Los pedestales reposan sobre unos cimientos dinámicamente incrustados, que están aislados contra las heladas, como exige el subsuelo turboso. Los nervios de madera contrachapada segmentan el espacio interior. La madera contrachapada encalada cubre el pavimento y el espacio de la pared de una costilla a la otra.

Las paredes, altamente aislantes, junto con ventanas de excelente calidad y la relativamente baja masa de almacenamiento de calor del edificio, hacen posible prescindir de cualquier sistema de calefacción central. La casa se calienta, de manera natural en invierno, por energía solar pasiva y una chimenea de leña. En el verano, los bosques circundantes protegen casi simbióticamente la casa del calor excesivo.

Todos los materiales de construcción en madera expuestos a la intemperie están diseñados para permanecer en espacios de aire naturales, por lo que tratarlos químicamente sería innecesario. Solamente el hastial y los marcos de las ventanas revelan el necesario barnizado y, por consiguiente, mantenimiento a intervalos de tres años. La cubierta no necesita canales de recogida de agua o planchas metálicas.

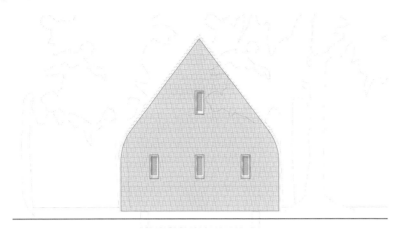

Rear elevation

Front elevation

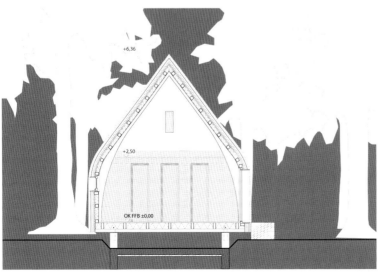

Section

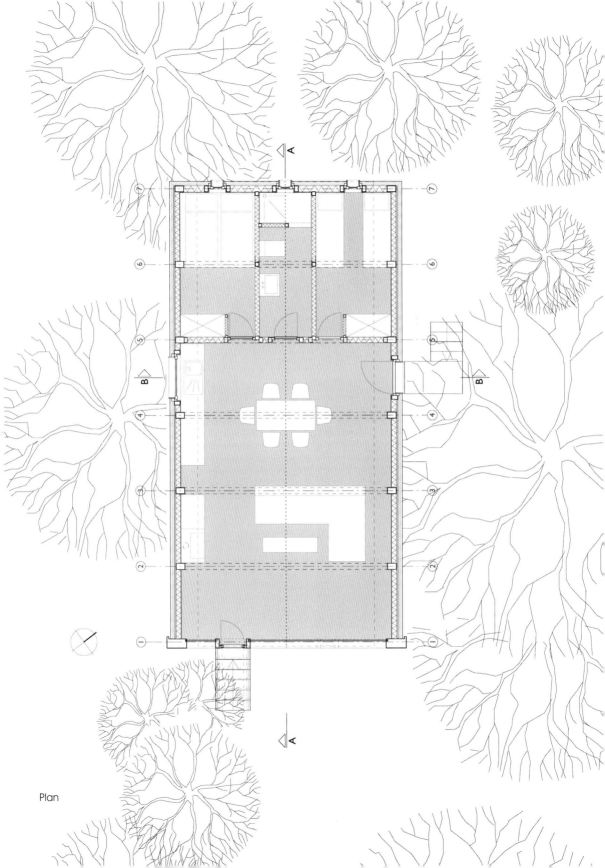

Plan

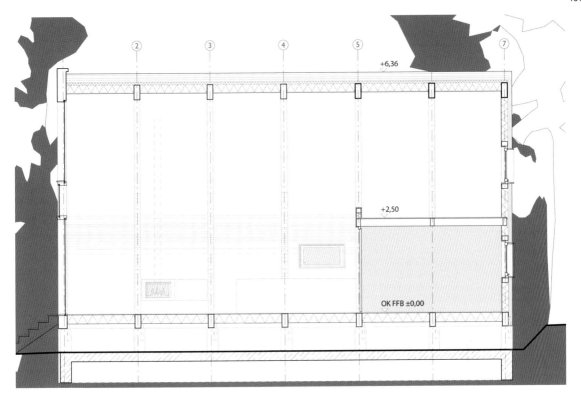

Section

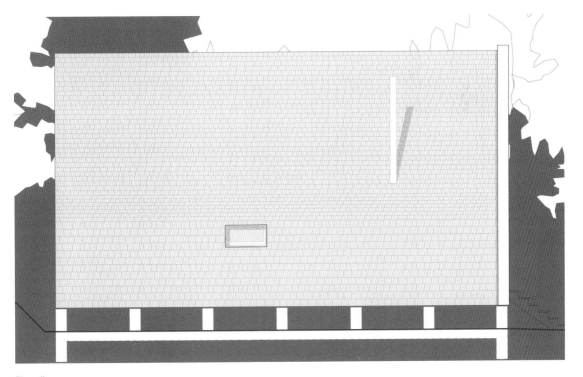

Elevation

HOUSE VVDB
DMVA Architecten

Location Mechelen, Belgium **Photographs** © Frederik Vercruysse
Website www.dmva-architecten.be

In the eighties architect Jan Van Den Berghe built his own house on a marvellous spot, close to the channel Mechelen-Brussels. Roof-type, symmetrical ground plan, wooden structure, honest materials, the use of cement stone and many-coloured aluminium joinery, were the main characteristics of this building period in Flanders. This post-modern pyramid house was a statement for the seventies/eighties. Architect Van den Berghe requested dmvA to refurbish his own house for his daughter, who owns a well-known company designing hats and bags. The basic idea was to create more transparency and spaciousness in the house. Elegant, light spiral stairs in steel replaced the heavy looking concrete ones. By detailing the stairs without central newel and applying the expressive colour red for both the stairs as for the brilliantly woven safety ropes, it gets the appearance of a piece of art.

The living room and kitchen are situated on the first floor. They are symmetrically implanted around the central glass cylinder. The open and transparent realization of this living area as well as the panoramic window creates a splendid view on the passing ships on the channel. The second floor, a big open space around a closed cylinder, allocated to the parents, accommodate a master bedroom, a bathroom and wellness room. The round openings in the floor, covered with transparent glass, link the first and second floor. The children have their bedrooms on the third floor. The architectural walk ends under the ridge of this pyramid house, in a 'zen-like' space, more then 12 meters above ground level. This was the favourite space of the architect, Jan van den Bergh. It functions now as a library, but out of respect to this architect, the wood lining remained untouched.

Circulating in the house by these stairs, which connect all different storeys, is like a 'promenade architecturale', sometimes hiding, sometimes revealing. The former workspace of the architect on the ground floor was turned into a studio for company Awardt. Three big cylinder-elements, hiding the stairs, a toilet and a cloakroom, discretely separate the entrance from the studio. The huge prints of hats and bags on these volumes refer to urban advertising-pillars and enhance the spatial continuity.

En los años ochenta, el arquitecto Jan Van Den Berghe construyó su propia casa en un lugar maravilloso, cerca del canal Mechelen-Brussels. El tipo de tejado, el plano de planta simétrico, la estructura de madera, los materiales honestos, el uso de piedra de cemento y la carpintería de aluminio de varios colores, eran las principales características de las construcciones de esa época en Flandes. Esta casa piramidal postmoderna da testimonio de la arquitectura de los años setenta y ochenta. El arquitecto Van den Berghe le pidió a dmvA que reformara su propia casa para su hija, que tiene una conocida empresa de diseño de sombreros y bolsos. La idea principal era crear más transparencia y amplitud en la casa. Unas elegantes y ligeras escaleras sustituyeron las antiguas escaleras de hormigón que parecían muy pesadas. Al detallar las escaleras sin barandilla central y aplicar el expresivo color rojo tanto en las escaleras como en las cuerdas de seguridad brillantemente tejidas, se consigue que tengan la apariencia de una obra de arte.

La sala de estar y la cocina están situadas en la primera planta. Están implantadas simétricamente alrededor del cilindro de cristal central. La realización abierta y transparente de esta sala de estar y la ventana panorámica permiten unas vistas espléndidas de los barcos que pasan por el canal. El segundo piso, un gran espacio abierto alrededor del cilindro cerrado, asignado a los padres, alberga un dormitorio principal, un cuarto de baño y una sala de wellness. Las aperturas redondas del suelo, cubiertas con vidrio transparente, unen el primer y el segundo piso. Los niños tienen los dormitorios en el tercer piso. El paseo arquitectónico termina bajo el caballete de esta casa piramidal, en un espacio "zen", a más de 12 metros de altura. Este era el lugar predilecto del arquitecto, Jan van den Bergh. Ahora hace la función de biblioteca, pero por respeto al arquitecto, no se ha tocado el revestimiento de madera.

Circular por la casa por estas escaleras, que conectan todos los pisos, es como un "paseo arquitectónico", a veces esconde elementos y a veces los revela. La antigua zona de trabajo del arquitecto en la planta baja se convirtió en un estudio para la empresa Awardt. Tres grandes elementos cilíndricos, que esconden las escaleras, un lavabo y un aseo, separan discretamente la entrada y el estudio. Las enormes láminas de sombreros y bolsos en estos volúmenes hacen referencia a las columnas publicitarias urbanas y realzan la continuidad espacial.

Section

1. Entrance Hall
2. Working Space
3. TV Corner
4. Dining Room
5. Relax Room
6. Master Bedroom
7. Children's Bedroom
8. Attic / Library

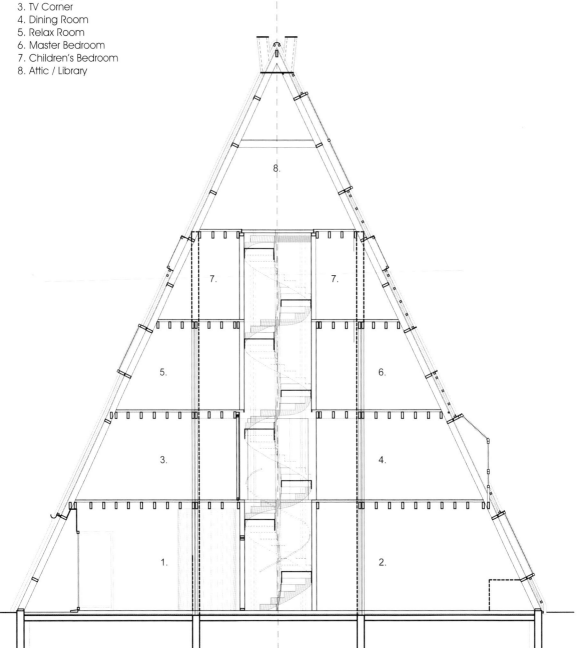

0   1   5r

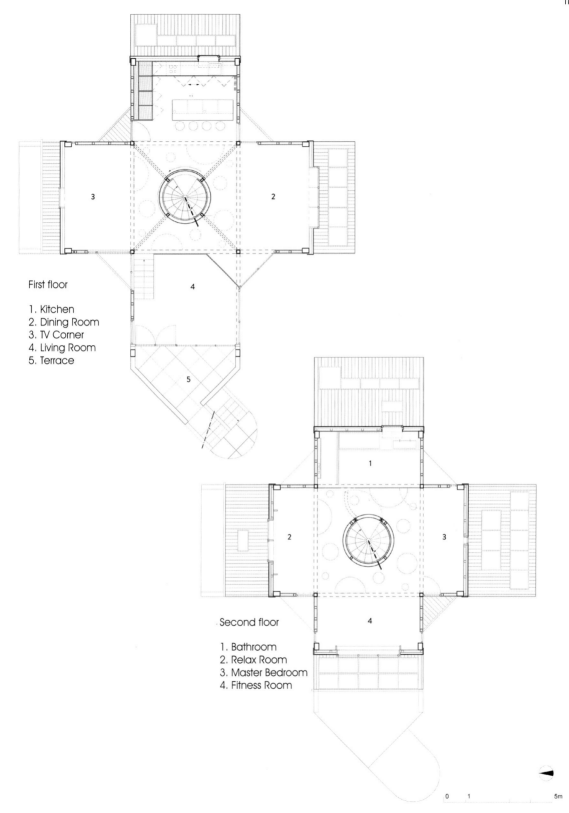

First floor

1. Kitchen
2. Dining Room
3. TV Corner
4. Living Room
5. Terrace

Second floor

1. Bathroom
2. Relax Room
3. Master Bedroom
4. Fitness Room

0   1   5m

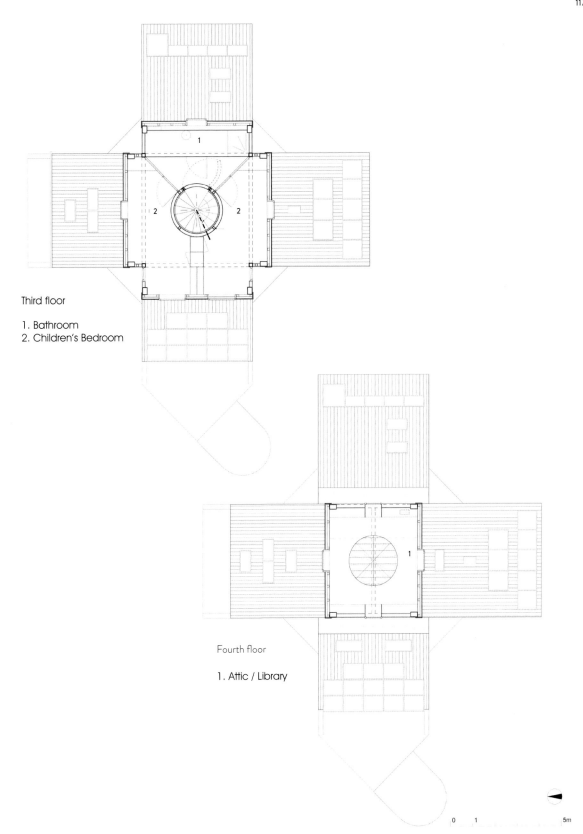

Third floor

1. Bathroom
2. Children's Bedroom

Fourth floor

1. Attic / Library

0   1   5m

TRAILER (EQUIVALENT #2)
INVISIBLE Studio

Location Bath, United Kingdom **Surface area** 118 sf. **Photographs** © Jim Stephenson
Website www.invisiblestudio.org

A built prototype constructed from materials sourced from construction waste and locally grown unseasoned timber. This building is designed to be able to be legally transported on a public highway and used as permanent or temporary accommodation. It has a removable wheeled 'bogey' that slides out from under the steel chassis when not being moved. The trailer was driven to site, the bogey removed, and then the bogey used to transport all of the timber frames (which were prefabricated in a workshop) to site. Externally, the Trailer is clad in corrugated fibreglass and steel, and internally lined in used but cleaned shuttering ply. All of the joinery is from plywood offcuts, including the 2 staircases. Handrails are made from offcuts of blue rope, left over from Studio in the Woods. High levels of natural light are provided by both gable ends which are 'glazed' with high performance interlocking polycarbonate. The building is insulated with scavenged insulation, the doors were sourced from a skip, and the roof lights were 'damaged' and thus trade 'seconds'.

The timber used is all 'same section' 125 x 50mm that made the milling much more economical, and is laminated up into structural sections for the cross frames as required. It is the first 'same section' building we have completed (the first being Ghost Barn (Equivalent #1). This method of using timber also ties in with the forest management plan for the effective use of timber in the woodland that Invisible Studio manage as a resource around their studio, and from which our own Studio (Visible Studio) was also built.

The project aims to provide a super low cost, versatile, useable space that could act as a kit of parts for any self builder to improvise around or easily adapt. While conceived as a domestic space, it could easily function as a workspace or something else.

Un prototipo elaborado con materiales procedentes de escombros de construcción y madera verde local. Esta cabaña está diseñada para poder transportarse legalmente por carretera estatal y utilizarse como alojamiento permanente o temporal. La vivienda incorpora un "remolque" extraíble con ruedas que se retira de debajo del marco de acero cuando la casa no está en movimiento. Se remolcó la base de la estructura hasta el lugar, se retiró el remolque, y luego éste se utilizó para transportar hasta allí todos los marcos de madera previamente fabricados en un taller. En su parte exterior, la casa está revestida con fibra de vidrio corrugado y acero, y la parte interior va forrada con capas de encofrado reutilizadas y limpias. La carpintería, incluidas las dos escaleras, está hecha de fragmentos de madera contrachapada. En las barandillas se han aprovechado los sobrantes de la cuerda azul utilizada en Studio in the Woods, otra obra de los mismos arquitectos. Los glabetes del hastial, acristalados con policarbonato de alto rendimiento, bañan de luz natural el interior. La construcción está protegida con aislante residual, las puertas son originarias de un contenedor y los tragaluces, que estaban "dañados", se cambiaron en segundos.

Una única sección de madera de 125 x 50 mm hace que el fresado sea mucho más económico; está laminada en secciones estructurales para los marcos transversales, según sea necesario. Es el primer edificio de "una misma sección" que hemos llevado a término. El primero en el que se comenzó con este método es Ghost Barn (Equivalent #1). Esta forma de utilizar madera también hace referencia al plan de gestión forestal para el uso eficaz de la madera en el bosque que Invisible Studio utiliza como recurso para sus obras, y a partir del cual también se construyó el propio Studio de la firma (Visible Studio).

La idea del proyecto consiste en proporcionar un espacio versátil, práctico y muy asequible que sirva como un kit de piezas que cualquier constructor pueda utilizar de forma improvisada o adaptar fácilmente. Si bien la idea original era la de crear una vivienda, este tipo de construcción también puede utilizarse fácilmente como un espacio de trabajo o con otra finalidad.

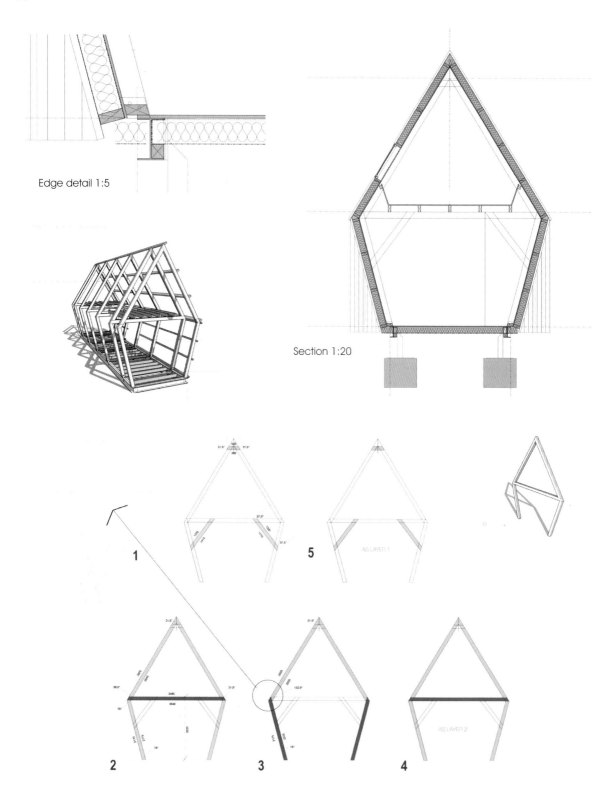

Edge detail 1:5

Section 1:20

1

5

2

3

4

Elevation

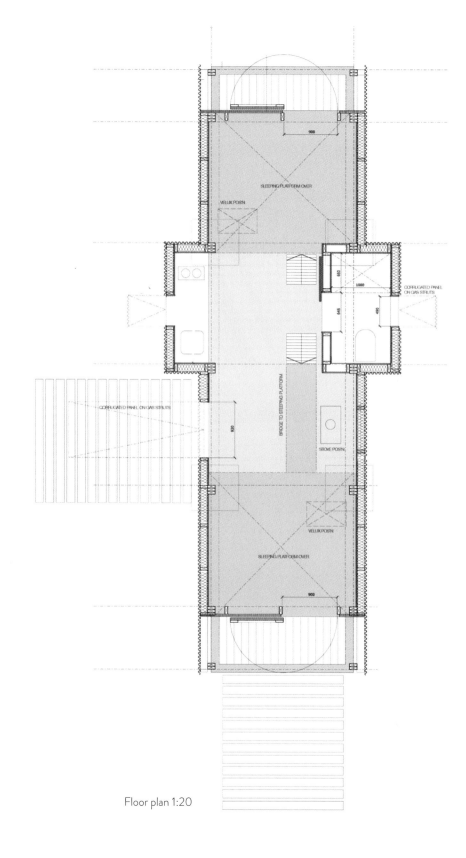

Floor plan 1:20

WASATCH A-FRAME
Lloyd Architects

Location Salt Lake City, Utah **Interior Design** Andelyne Romney **Photographs** © Mark Weinberg
Contractor The Biltmore Company **Website** www.lloyd-arch.com

The Wasatch A-Frame was conceived as a small retreat on a family property at the base of the Wasatch Mountain range in Northern Utah.

Recognizing that the iconic shape of an A-Frame invites exploration upwards, we created a kid's play space and bunk room on the upper level with an inviting visible stair. The main level (533 SF) includes a Living Room, Dining Area, Kitchen, Primary Bedroom and Bathroom. The upper level (206 SF) includes the play and bunk spaces. The Wasatch A-Frame's structure is made with a glued laminated timber wall/roof and Structural Insulated Panels (SIPs), while the exterior is clad in a 'yakisugi' charred cedar.

El Wasatch A-Frame fue concebido como un pequeño refugio en una propiedad familiar en la base de la cordillera Wasatch Mountain en el norte de Utah.

Reconociendo que la forma icónica de un A-Frame invita a explorar hacia arriba, creamos un espacio de juegos para niños y una habitación con literas en el nivel superior con una atractiva escalera visible. El nivel principal (533 pies cuadrados) incluye una sala de estar, comedor, cocina, dormitorio principal y baño. El nivel superior (206 pies cuadrados) incluye los espacios de juegos y literas. La estructura del Wasatch A-Frame está hecha con una pared/techo de madera laminada encolada y paneles de aislamiento estructural (SIP), mientras que el exterior está revestido con un cedro carbonizado 'yakisugi'.

HOUSE KROKHOLMEN

Tham & Videgård Arkitekter - Bolle Tham and Martin Videgård

Location Krokholmen, Värmdö Municipality, Stockholm archipelago, Sweden **Surface area** 443 sf.
Photographs © Åke E:son Lindman **Website** www.tvark.se

The site is a promontory on the relatively small island of Krokholmen in Stockholm's outer archipelago: a typical archipelago landscape with windswept dwarf pines and soft mountain outcrops produced by the inland ice. The plot benefits from open views, in the east all the way out to the lighthouse Almagrundet in the open sea, and it is at times exposed to strong winds. The family wanted a maintenance-free vacation home. We proposed a two-part plan. Through a central wall holding the fireplace, a narrow opening gives access to bedrooms, bath and storage, that are oriented to the forest in the west. The large family room with kitchen and entrance could thus face out towards the sea with daylight and view in three directions. A screen of wood and glass runs around the house and unite interior and exterior spaces on a base of in-situ cast concrete. The living room opens up through large sliding doors onto three terraces, one of which is sheltered from the winds and facing south and one is completely open to the water to the east. The horizontal openess of the main space out towards the sea is balanced by its verticality, an internal ridge height of 6 meters (18 feet).

El lugar es una elevación de terreno en la pequeña isla de Krokholmen en el archipiélago exterior de Estocolmo: un paisaje típico de archipiélago con pinos enanos azotados por el viento y discretas formaciones montañosas fruto del hielo interior. El terreno ofrece vistas abiertas por el este, hacia el faro de Almagrundet en mar abierto, y a veces se ve expuesto a fuertes vientos. La familia quería una casa de vacaciones de poco mantenimiento. Propusimos un plan de dos partes. A través de un muro central que sostiene la chimenea, una estrecha abertura da acceso a los dormitorios, baño y zona de almacenaje, los cuales están orientados al oeste, donde se encuentra el bosque. De día, desde la gran sala de estar con cocina y entrada se puede mirar hacia el mar, con vistas en tres direcciones. Una pantalla de madera y vidrio rodea la casa conectando los espacios interiores y exteriores sobre una base de hormigón fundido en el propio terreno. A través de unas grandes puertas correderas, el salón da paso a tres terrazas, una de ellas protegida del viento y que se orienta hacia el sur, otra que está completamente abierta hacia el mar por el este. La apertura horizontal del espacio principal hacia el mar se ve compensada gracias a su verticalidad, con una altura interna de 6 metros.

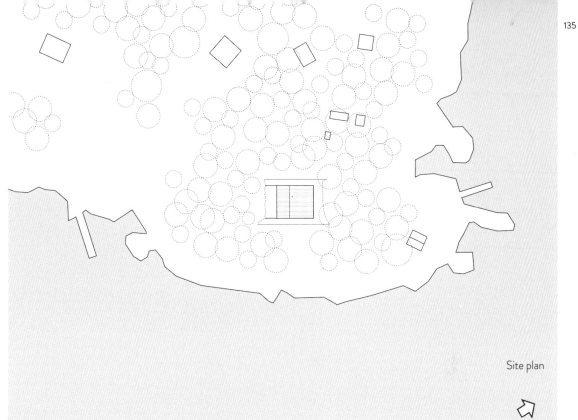

Site plan

Section

East elevation

South elevation

West elevation

North elevation

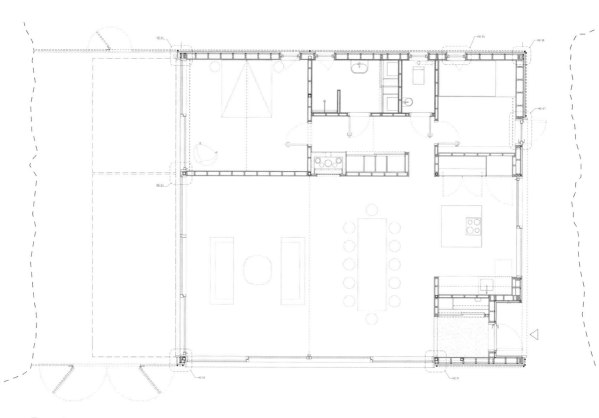

Floor plan